Geronimo Stilton

Testi di Geronimo Stilton
Coordinamento editoriale di Patrizia Puricelli,
con la collaborazione di Maria Ballarotti

Illustrazione di copertina di Andrea Da Rold (matita)
e Andrea Cavallini (colore)
Art Director: Iacopo Bruno
Graphic Designer: Andrea Cavallini / *the*World*of*DOT

Illustrazioni interne di Andrea Denegri e Archivio Piemme
Redazione e grafica: Studio Noesis

Da un'idea di Elisabetta Dami.

www.geronimostilton.com

Le barzellette sono tratte da:
Il Barzellettone

Nuova edizione *Le più belle barzellette dalla A alla Z*

Anno 2017 - 2018 - 2019 Edizione 4 5 6 7 8 9 10

Stampato presso ELCOGRAF S.p.A. - Stabilimento di Cles (TN)

Geronimo Stilton

LE PIÙ BELLE BARZELLETTE DALLA A ALLA Z

PIEMME

A BOCCA APERTA

Su un treno, un tale racconta: – Io sono un professore famoso, quando parlo io, tutti mi stanno ad ascoltare a bocca aperta!
Il signore seduto davanti a lui sogghigna e commenta:
– Succede anche a me...
L'altro: – Anche lei è professore?
– No... *dentista*!!!

AAA... CERCASI

Sul giornale: 'Dentista un po' triste cerca amici che gli tirino su il *molare*'!

ABBONAMENTO SCADUTO

– Il suo abbonamento è dell'anno scorso!
– Ah beh, non si preoccupi:
non seguo la moda, io!

ABITUDINE

Luca trova una puzzola e, tutto felice, se la porta subito a casa.
Entrando, annuncia: – Mamma, ho trovato una puzzola, la terrò in camera mia, sotto il letto!
La mamma: – E la puzza?
Luca: – Ah, vedrai che *si abituerà*!

ACQUISTI SU MISURA

Che cosa comprano in una boutique un pittore e una scrittrice?
Lui compra una camicia *a quadri*, lei invece una gonna *a righe*…

ADDIZIONE

Due compagni di classe chiacchierano tra di loro e uno esclama in tono scocciato: – Non capisco proprio niente di aritmetica! Ieri il maestro ha detto che 3 + 7 = 10. Oggi, invece, dice che 6 + 4 = 10… Ma insomma, *a che cosa dobbiamo credere*?!?

AL VOLO!

– Mi hai detto tu che li avresti asciugati *al volo*!

ALESSANDRO... CHI?

– Teo incontra Luca con un librone sotto braccio.
– Che cosa ci fai con quel libro?
– L'ho trovato e vorrei restituirlo al proprietario!
– E chi è?
– Boh, un tipo che non conosco, ma il suo nome è scritto sulla copertina: *Alessandro Manzoni*!!!

ANALISI GRAMMATICALE

Scarpe: nome comune di cosa...
Genere: femminile...
Numero: *dipende da chi le porta*!

ANNUNCIO IN STAZIONE

L'altoparlante della stazione ferroviaria annuncia con una voce gracchiante: – Il signore che ha preso il treno per Firenze delle 10.42 è gentilmente pregato di *riportarlo subito al primo binario*!

ANTENNA PARABOLICA

Una chiocciola, sul cui guscio è montata un'antenna parabolica, dice a un'altra, che la osserva stupefatta:
– Niente di strano: sono solo di qualche secolo in anticipo sull'*evoluzione della specie*!

ANTICA SCRITTURA

Nell'Antico Egitto, un maestro scriba sta insegnando a scrivere a un allievo e, a un certo punto, lo corregge e gli dice:
– Attento all'ortografia, dimentichi sempre che *'forzuto' si scrive con due bicipiti*!

ANTICHITÀ

Un tale entra in un negozio di antiquariato e chiede al commesso:
– Ci sono *novità*?

BAFFI AL VENTO

– Sai – dice un tizio all'amico, – una volta ho visto un roditore che aveva dei baffi così lunghi che, quando aveva il vento a favore, arrivavano *un giorno prima di lui*!

BANCHI PER PESCI

Dove vanno a studiare i pesci?
Sui *banchi di sabbia*!

BELLISSIMO!

– È bellissimo papà, non ero mai stato in una *fabbrica di alberi*!

BENZINAIO CERCASI

Da un piccolo aereo arriva un messaggio alla torre di controllo:
– Torre di controllo, sono un principiante a bordo di un Cesna 565 e ho finito la benzina...
– Tranquillo, ti guidiamo noi! Riduci la velocità al minimo, controlla gli strumenti, prepara il paracadute. Guarda giù. Vedi un aeroporto nelle vicinanze?
– Veramente io sono qui davanti, sulla pista: *volevo solo sapere dove si può rifornire il serbatoio…*

BIADA O ARANCIATA?

Un professore sta interrogando un candidato durante un esame universitario. Il ragazzo è piuttosto sveglio, ma poco preparato sull'argomento, al punto che, dopo qualche risposta incerta, il professore lo interrompe ed esclama: – Assistente, porti della biada per l'asino!
E lo studente, fulmineo: – E *per me* un'aranciata!

BICCHIERE... D'ACQUA?

– Potrei avere un bicchiere d'acqua?
– No, abbiamo solo bicchieri *di vetro*!

BICICLETTA E BABBEI!

Due babbei in bicicletta. A un certo punto uno scende e sgonfia la ruota posteriore.
– Perché lo hai fatto? – gli chiede l'altro.
– Perché la bicicletta era troppo alta.
Dopo un po' scende anche il secondo e gira il manubrio al contrario.
– Perché hai girato il manubrio? – domanda l'amico curioso.
– Sono stanco: ora torno *indietro*.

BINARIO VUOTO

Un signore con una valigetta in mano arriva trafelato sul marciapiede di un binario vuoto e chiede al capostazione: – È da molto tempo che è partito il primo treno per Milano?
– Eh, beh, direi di sì, signore: *dal 1880*!

BOOMERANG

– Per il compleanno mi hanno regalato un boomerang nuovo – dice un ragazzo australiano all'amico.
– Bello!
– Già. Ma come faccio con quello vecchio?
Quando lo butto *mi torna sempre indietro*!

BOTTE LEGGERA

Di che cosa deve essere piena una botte per pesare di meno?
Di... *buchi*!

BOTTEGHINO

Una pantegana babbea entra in un cinema, va al botteghino e acquista un biglietto. Dopo pochi minuti torna e ne acquista un altro. La scena si ripete cinque o sei volte, finché il bigliettaio, incuriosito, dice: – Scusi, ma perché continua a comprare biglietti?
– Ehm – risponde la pantegana, – c'è un signore all'ingresso che ogni volta che tento di entrare... *me lo strappa*!

CALL CENTER

Un tipo chiama un call center: – Senta, vorrei prenotare una telefonata...
L'operatrice: – Deve comporre il 10 sulla tastiera.
– E come faccio? I tasti *arrivano solo fino a 9*!

CALZE COLORATE

In un negozio una signora chiede alla commessa:
– Vorrei un paio di calze color caffè, ma non troppo scuro, come il colore del caffè un po' leggero o quello che si prende con il latte...
– *Con o senza zucchero?*

CAPPELLO INGOMBRANTE

– Signora, o si toglie il cappello o mi racconta una barzelletta, *perché io al cinema vengo per divertirmi*!

CANALE DI SUEZ

– Laura, perché il Canale di Suez si chiama così? – chiede la maestra durante un'interrogazione.
– Perché non è *né miez né tuez*!

CHI LA SA?

Sapete che differenza c'è tra una poltrona e un porcospino?
Provate a *sedervi* sul porcospino e lo saprete!

CIOCCOLATA

Sulla porta di un bar c'è scritto 'Cioccolata e biliardo'.
Un signore entra nel locale e ordina: – Vorrei una cioccolata con biliardo!
Il barista, con un sorrisetto, gli dice: – Ma, signore... c'è un equivoco...
E lui, convinto: – Ah, va bene... *mi ci metta anche quello*!

COMICI

Qual è il colmo per un comico?
Prendere il lavoro *troppo sul serio*!

COMPUTER E RAFFREDDORE

Come mai una pantegana babbea, ogni volta che ha il raffreddore, evita di avvicinarsi a qualsiasi computer?
Per non diffondere virus!

CONCENTRATI

Una pantegana babbea entra nel supermercato, va davanti a una scaffalatura e si ferma immobile, con lo sguardo fisso. Dopo un'ora il proprietario si avvicina e le chiede:
– Scusi, cerca qualcosa, posso aiutarla?
– No, no: dovevo solo comprare della salsa, ma su quel cartello c'è scritto '*concentrati*'...

CONFUSIONE

– Il mio cane si chiama Fermo – dice Mario, – ma credo che gli cambierò nome.
– Perché? – chiede l'amico.
– Perché quando lo chiamo: 'Vieni qua, Fermo', *lui non sa mai che cosa deve fare*!

COSÌ COSÌ...

Il medico visita un paziente: – Allora, come va la cura per la sua influenza?
Il paziente: – Mah, così così...
Il medico: – Ma sta seguendo la mia cura? Beve il succo d'arancia dopo il bagno caldo?
Il paziente: – Veramente, dottore, dopo aver bevuto il bagno caldo *non ce la faccio a bere anche il succo d'arancia...*

COSTRUTTORE DI OROLOGI

Qual è il colmo per un costruttore di orologi?
Avere delle figlie *sveglie*!

COZZE

Marcello chiede con aria furbetta a un amico:
– Lo sai come portano il cappello le cozze?
L'amico lo guarda con aria interrogativa e scuote la testa.
– *Alla marinara*! – esclama Marcello.

CRISTOFORO COLOMBO

Il professore spiega ai suoi alunni che, secondo gli studiosi del clima, l'America si sta raffreddando.
– La colpa è di Cristoforo Colombo – dice Lia.
– Perché? – le domanda il professore meravigliato da quel commento.
E l'alunna: – Perché l'ha... *scoperta*!

DAMIGIANE

Qual è il colmo per un costruttore di damigiane?
Fare *fiasco*!

DANTE ALIGHIERI

Un professore spiega ai suoi allievi l'importanza del poeta Dante Alighieri, vissuto dal 1265 al 1321.
Al termine della sua lezione, dice: – ... e credo che se Dante fosse ancora vivo, sarebbe anche oggi un individuo molto speciale!
– Penso proprio di sì – commenta uno studente – *visto che avrebbe più di settecento anni*!

D

DENTIFRICIO... DA COMBATTIMENTO!

Una signora entra in farmacia con un dentifricio in mano. Va dal farmacista e protesta indignata.
– Quando ho comprato questo dentifricio lei mi ha detto che combatteva la carie, e invece mi è venuta lo stesso!
Il farmacista: – Io le ho garantito che combatteva la carie... *non che vinceva*!

DERBY

Tra sportivi.
– Non vieni allo stadio oggi? C'è il derby!
– No, *l'ho già visto l'anno scorso...*

DERMATOLOGO

Qual è il colmo per un dermatologo?
Avere un amico *per la pelle*!

DESCRIZIONE DETTAGLIATA

– Vorrei un libro di cui non ricordo il titolo.
Comunque... è voluminoso,
ha la copertina e tante pagine. *Lo avete?*

DESIDERI... MARINI

– Esprimi un desiderio:
ho visto cadere una... *stella marina*!

DETTATO

In classe la maestra sta dettando un testo.
– Ora, ragazzi, scrivete la parola ‘camino’!
Passando vicino al banco di Gigino esclama:
– Gigino! Perché hai scritto ‘kamino’ con la K?
Gigino: – Ma, signora maestra, *se non ha la cappa, che camino è*?

DIALOGO TRA SAPONETTE

Sulla mensola di un bagno una saponetta chiede a un’altra: – Hai una linea perfetta. Come fai?
– Sai, per dimagrire *mi faccio un bel bagno tutti i giorni*!

DIFFERENZA

Alessandro domanda all’amico Arturo:
– Lo sai che differenza c’è tra una squadra di calcio e il sottoscritto?
– No – ammette l’altro.
– Che la squadra, il 4-1-2-1-2 lo adotta in campo – spiega Alessandro, – mentre *io ce l’ho in pagella*!

DIREZIONE

– Scusi, dove va questa strada?
– Da nessuna parte: *non si è mai mossa da lì*!

ECO

Qual è il colmo per l'eco?
Non riuscire ad avere l'*ultima parola*!

ECOLOGIA

Qual è l'animale più ecologico? *La marmotta catalitica*!

ECONOMIA

Qual è l'animale più esperto di economia? Il canguro, perché fin da piccolo *gioca in borsa*!

EDICOLA

– Scusi, c'è Oggi?
– Perché, non mi vede?

EDITORIA

Due bruchi si incontrano dopo tanto tempo e raccontano quello che stanno facendo.
Uno dice all'altro tutto soddisfatto:
– Ho trovato un lavoro veramente interessante e comodo nel settore editoriale. Pensa, posso addirittura lavorare a casa!
– E che lavoro è?
– Correttore *di bozzoli*!

EDUCAZIONE

Una tizia chiama l'assistenza di un sito e dice:
– Salve, stò cercando di entrare nel vostro sito, ma il computer mi dice continuamente 'vietato l'accesso'.
E l'assistente: – Ha provato *a bussare*?!

EFFETTO DELLA PIGRIZIA

Il maestro detta il tema: 'Gli effetti della pigrizia'.
Dopo un'ora ritira gli elaborati e si accorge che Anna ha lasciato il foglio bianco.
– Che cosa significa? – domanda il maestro.
– Ma è ovvio, signor maestro, significa che *il mio tema fa parte degli effetti della pigrizia*!

EHI, SCUSI...

– Ehi, scusi... mi faccia vedere la patente,
il bollo e... *il certificato d'origine del tappeto*!

ELEFANTE NASCOSTO

Perché gli elefanti si dipingono le unghie di rosso?
Per mimetizzarsi in un campo di fragole.
E come mai non hai mai visto un elefante in un campo di fragole?
Perché il trucco funziona!

ELEGANZA

Qual è il colmo per un cuoco elegante?
Mettere la cravatta... all'uovo in camicia!

ELETTRICISTA

Nicola dice alla nonna: – Sai, da grande vorrei avere una carriera *brillante*!
– Ah, bene, e che cosa vorresti fare?
– *L'elettricista!*

ENCICLOPEDIA

La maestra interroga Marco che resta zitto.
Poi, a un certo punto, il bambino interrompe l'insegnante dicendole:
– Maestra, se proprio ci tiene a sapere tutte quelle cose, *perché non consulta un'enciclopedia*?

ENERGIA SOLARE

Una pantegana babbea a un amico:
– Bello il tuo orologio nuovo!
– Fantastico, non è vero? Pensa, va a energia solare...
– Davvero? Ma dove l'hai trovato?
– L'ho preso in Inghilterra; sul cartellino c'era scritto: '*A sole* 5 sterline'!

EQUINOZIO

Paolo – chiede la maestra, – mi sai spiegare che cos'è l'equinozio?
– È un *cavallo fannullone*, maestra!

ETÀ PRESUNTA

– Lei dice di avere trentasei anni, ci credi?

– *Mah, lo dice da talmente tanto tempo che potrebbe anche essere vero!*

EURO

Gigino incontra Pierino per strada e gli chiede:
– Senti, mi presteresti dieci euro?
Pierino: – Certamente, ma solo dopo che sarò andato a Roma.
Gigino: – Ah, devi andare a Roma?
Pierino: – *Non ci penso neanche...*

EVVIVA!

Un esploratore si è perso nella foresta.
A un tratto sente un fruscio provenire da dietro un albero. Si avvicina e vede un uomo comparirgli davanti.
– Evviva! Mi sono perso e non vedo un essere umano da giorni! Lei non può immaginare quanto sia felice!
– Non ne vedo il motivo – replica lo sconosciuto,
– io mi sono perso *vent'anni fa...*

FABBRO

Qual è il colmo per un fabbro?
Avere la faccia *di bronzo* e il cuore *d'oro*!

FACILE E COMODO!

Perché le pantegane babbee hanno spesso male al ginocchio?
Perché ogni volta che si allacciano le scarpe *tengono fermi i lacci e girano la gamba*!

FAME ESAGERATA!

– E il signore, invece, che cosa desidera?
– Ehm... io vorrei... *due conti separati*!

FATA

Qual è il colmo per una fata?
Avere il *colpo della strega*!

FEBBRE ALTA

In ospedale. L'infermiera si rivolge al medico:
– Dottore dottore, la signora che sta nella camera 103 ha la febbre!
Il medico: – Uhm, è alta?
– Direi... *un metro e sessantacinque*!!!

FELINI

Due signori durante un safari fotografico vedono dei felini e uno dei due commenta: – Chissà cosa direbbero questi giaguari se potessero parlare!
E il guardiano:
– Direbbero: 'Veramente... *siamo pantere*'!

FERMATA DEL BUS

Un signore, mentre è alla fermata del bus, guarda fisso verso l'alto. Ben presto intorno a lui si forma un piccolo capannello di persone che, incuriosite, guardano nella stessa direzione per capire che cosa sta succedendo. Arriva un amico del tizio, che lo saluta e gli dice: – *Vedo che il torcicollo non ti è ancora passato, eh*?

FERRI DA STIRO

Che cosa dice un ferro da stiro a suo figlio?
– Te lo dico io, mio caro, stai proprio prendendo una... *brutta piega*!

FIABA

Dopo aver messo a letto il bambino, i genitori si siedono sul divano a guardare la televisione. A un certo punto ecco apparire il figlioletto.
– Sandro! Come mai ti sei svegliato? – domanda il padre. E il piccolo: – Temo che sia finito l'*effetto della fiaba che mi hai raccontato*!

FILM SOPORIFERO!

– Davvero è la quinta volta che vieni a vedere questo film? È così bello?

– Non lo so... *mi addormento sempre dopo dieci minuti!*

FIORI INUTILI?

Un bambino chiede a un suo compagno:
– Qual è il fiore più inutile?
E l'altro: – Non lo so...
– Ma la rosa, naturalmente, perché *ha tante spine ma nessuna presa*!

FISCHI O APPLAUSI?

Un tizio telefona al medico e gli dice preoccupatissimo:
– Dottore, dottore, mi fischia un orecchio! Che cosa devo fare? Non mi è mai successo prima!
– Poco male – risponde in tono tranquillo l'altro.
– Però quando incomincia ad *applaudirla* mi richiami!

FORZA

Giorgio racconta: – Lo sai che mio papà riesce a fermare un'auto con una mano?
Un altro bambino: – Incredibile! Dev'essere molto forte!
Giorgio: – Ma no... è un *vigile urbano*!

GALLINA IN TRIBUNALE

– Signor giudice, c'è una gallina nel tribunale...
– E che cosa vuole?
– Vorrebbe *deporre*!

GALLO IN MARE

Un tizio sulla spiaggia chiede a un amico:
– Che cosa ci fa un gallo in mare?
L'amico perplesso si guarda attorno e dice:
– Non saprei...
E lui:
– *Galleggia!*

G

GAMBERI

Un gambero entra in un bar e trova un altro gambero.
– Come va? – gli chiede.
– Mah, sai – risponde l'altro, – si tira *indietro*...

GATTI

Che cosa si dicono due gatti quando fanno la pace?
Amici come prima.

GATTO NERO

Quando porta davvero male essere seguito da un gatto nero?
Quando sei un topo!

GEMELLI QUASI IDENTICI

Ciccio dice a Gigio: – Sto per sposarmi!
Gigio: – Ma davvero? E la tua futura moglie è carina?
– Molto carina.
– Ed è simpatica?
– Molto simpatica. A proposito, è gemella!
– Ah sì, e come farai a non confonderla?
– Ah, è facile: *suo fratello gemello ha i baffi*!!!

GENERALE

Su un autobus è seduto un soldato.
Sale un generale.
Il soldato scatta in piedi.
Il generale: – Stai pure seduto!
Passa qualche minuto e il soldato scatta di nuovo in piedi.
Il generale: – Grazie, stai pure seduto.
Per la terza volta il soldato scatta in piedi.
Il generale: – Ti ho detto che puoi stare seduto!
Il soldato, rosso in viso: – Ehm... signor generale, veramente, *io dovrei proprio scendere... già da tre fermate*!

GENIALE!

– Mi dia anche il giornale di *domani*,
così non sto a tornare!

GENTILEZZE...

La mamma si accorge che la piccola Sara tarda a prepararsi per andare a scuola e le chiede il motivo.
La piccina risponde: – Ho pensato di rimanere a casa oggi, *così la maestra può stare un po' tranquilla...*

GEOMETRIA

Che cosa ci fa un professore di geometria sotto la pioggia durante un temporale?
Cerca di calcolare l'*area del rombo... di un tuono*!

GHIACCIO

Emma sta piangendo davanti al lavandino colmo d'acqua.
Il papà le chiede: – Perché piangi? Che cosa è successo?
– Mi è caduto un cubetto di ghiaccio nell'acqua calda e *non riesco più a trovarlo*!

GiACCA E CRAVATTA

– Che cos'è questo suono?
– Dev'essere la giacca che *s'intona* con la cravatta!

GIRAFFA

Un bambino chiede a un suo amico:
– Ma se si bagnano i piedi, alle giraffe viene il mal di gola?
E l'altro risponde ridendo:
– Sì, ma *il mese dopo*...

GIRINO IN PISCINA

Che cosa fa un girino in una piscina?
Nuota *a rana*!

GLOBULO ROSSO

Qual è il colmo per un globulo rosso umorista?
Non essere in vena di fare battute!

GOCCIOLINE

Che cos'è questo: 'Plic plic plic evviva'?
Un rubinetto che prima perdeva, poi ha *pareggiato*.

GRAMMATICA

Il leone vede la signora giraffa con una zampa bendata e le chiede:
– Che cos'è successo?
La giraffa ci pensa un po', poi risponde:
– *È il participio passato di succedere!*

GRANDE ATTORE

Come si chiama il più grande attore argentino, famoso per la sua bravura ma anche per la sua bruttezza?
Oscar Rafone!

HALLOWEEN

Che cosa puoi fare se ti ritrovi circondato da una mummia, una strega e un vampiro?
Sperare di essere *a una festa di Halloween*!

HE HE HE...

Colloquio d'assunzione per un impiegato:
– Buongiorno signore, allora... come si chiama?
Il candidato, contento:
– Giovanni! He he he...
– Ma che cosa ha da ridere?
– Beh, ho risposto giusto alla prima domanda, no?

Hi-TECH

– La mia radio non funziona più.
Devo darle delle pile nuove,
ma non so come *fargliele mangiare*!

HO SONNO!

Un papà, vedendo che il figlioletto non si addormenta, gli legge una lunghissima favola. A un certo punto il bambino esclama: – Papà, insomma, non potresti leggere un po' più in fretta? *Ho sonno e sono ore che cerco di dormire*!

HOCKEY

Una squadra di orsi sta disputando, in pieno inverno, una partita di hockey contro le lepri. A un certo punto, l'allenatore degli orsi chiama una riserva e le dice:
– Vai a sostituire il numero 71! *Sta di nuovo andando in letargo...*

HOTEL PIOVOSO!

– Ma dico, qui piove sempre?
– Ah, no, signore, *in inverno nevica anche*!

HUUUUUFF!

Un giovane va in una fattoria ai bordi di una scogliera per acquistare un cavallo. Ce n'è uno bianco e il proprietario gli propone di montarlo per provarlo.
– Si chiama Fulmine – dice. – È grosso ma molto, molto, molto ubbidiente. Per farlo partire deve fare un piccolo soffio, 'Huuuuuff!'. Per farlo fermare, invece, si deve dire 'Fermaaaaa'.
Il giovane parte, prima molto prudente, al passo, poi al trotto, poi al galoppo. Il cavallo è effettivamente molto ubbidiente. La giornata è bellissima, il panorama stupendo, e quando lancia il cavallo al galoppo sembra proprio la scena di un film. Si accorge però all'ultimo che sta arrivando sul bordo della scogliera.
Allora grida al cavallo: – Fermaaaaa.
La bestia si ferma appena in tempo, con gli zoccoli proprio sul bordo della scogliera.
Il ragazzo, sollevato, tira un sospiro di sollievo e dice:
– *Huuuuuff!*

HOLLYWOOD

– Ah, le star di Hollywood...
Ho deciso: voglio entrare nel cinema!
– Beh, prova a comprare un biglietto...

IDEA FISSA

Un signore telefona al dottore e tutto preoccupato gli dice: – Dottore! Sto male! Ho sempre un'idea fissa: sono convinto di essere un computer!
Il dottore risponde pazientemente:
– Stia tranquillo, faccia un bel respiro e per prima cosa venga subito di corsa qui da me in studio!
Il signore resta un attimo in silenzio poi risponde:
– Venire in studio da lei? Ehm... veramente non posso. Sa, *il mio cavo di alimentazione non arriva fin lì*!

I

IMMATURITÀ

Una pera cade dall'albero e le altre sue compagne la prendono in giro.
Da terra, quella caduta grida: – Che cosa avete da ridere tanto, *immature*!

INCOMPRENSIONE

Una signora dice preoccupata al suo medico:
– Dottore dottore, nessuno mi capisce!
E il dottore: – *Che cosa intende dire*?

INCONTENTABILE

Sul tram all'ora di punta. Un passeggero grida: – Ehi, lei, gliel'ho già ripetuto ben tre volte: non spintoni in questo modo!
L'altro ribatte: – Ah, non vuole che spintoni in questo modo? Prima spintonavo di spalla e lei ha protestato, poi ho spintonato col gomito e lei ha protestato, infine ho spintonato con la schiena e lei ha protestato ancora. Uffa, allora, mi dica lei in quale modo devo spintonare. Lei è davvero... *incontentabile*!

INDIFFERENZA E IGNORANZA

Gigi, che colleziona abitualmente un gran numero di insufficienze, per una volta torna a casa soddisfatto e dice alla madre: – Oggi ho preso una sufficienza... in italiano!
– Bravo – si congratula la madre. – Raccontami com'è andata.
– Mah, non so nemmeno io come ci sono riuscito – confessa il ragazzo. – L'insegnante mi ha chiesto che differenza c'è tra 'ignoranza' e 'indifferenza' e io le ho risposto: '*Non lo so e non mi interessa nemmeno*'!

INDOVINA...

Nicola a un amico: – Sai qual è il colmo per un dispettoso?
– No...
E Nicola, con aria furbetta: – *Non te lo dico... prova a indovinare*!

¡INFORMAZIONI... PERSONALI!

– Scusi, che cosa devo comprare oltre alla pasta e al detersivo?

INSEGNANTE

Qual è il colmo per un insegnante?
Non avere classe!

INSEGNANTE DI DISEGNO

Qual è il colmo per un insegnante di disegno tecnico?
Mettere *in riga gli alunni*!

INSEGNANTE DI ITALIANO

Qual è il colmo per un insegnante di italiano?
Rimanere *senza parole*!

INSEGNANTE DI... MATEMATICA?

Alla fermata dell'autobus un tale dice al suo vicino:
– Vedi, io lavoro laggiù dal 1986, siamo nel 2005, quindi... facciamo i conti... 4 più 10 fa 12... no, dunque, 6 meno 3 fa 5...
Poi conta faticosamente sulla punta delle dita e infine esclama contento: – Sì, sì, sono proprio 19 anni che *insegno matematica* in quella scuola!

INTERRUTTORE

Un ratto gigante dice a una pantegana babbea:
– Accendi la luce.
La pantegana va all'interruttore e inizia a premerlo tante volte. Il ratto, vedendo la pantegana accendere e spegnere di continuo la luce, le chiede:
– Ma che cosa stai facendo?
E la pantegana risponde:
– Beh... sull'interruttore c'è scritto *220 Volt*!

LASAGNE STAGIONATE

Una signora, al ristorante, ordina le lasagne. Dopo averle assaggiate, chiama il cuoco:
– Queste lasagne sono cattivissime!
Il cuoco ribatte: – Guardi che io facevo lasagne ancora prima che lei nascesse...
E la signora: – *E le sta servendo solo adesso*?!

LATTE MACCHIATO

Un tizio entra al bar e si appoggia al bancone.
– Scusi, cameriere, fate il latte macchiato?
– Scherza? Questo è un bar molto *pulito*!

LAVAGGI... D'ALTRI TEMPI!

– Chissà come facevano
a *infilarla in lavatrice!*

LENTEZZA

Dopo una lunga attesa al ristorante, il cliente dice al cameriere: – Mi scusi, è lei il cameriere che mi ha portato il menù?
– Certamente, signore...
– Caspita – commenta ironico l'altro, – *dopo tutto il tempo che è passato non è invecchiato nemmeno un po'...*

LENTI

Un tizio chiede a un amico:
– Perché ti sei messo una lumaca sull'occhio destro e una tartaruga sul sinistro?
– Ho perso gli occhiali e così mi sono messo sugli occhi *due lenti*!

LEOPARDI E L'INFINITO

La maestra dice a Tonio: – Dimmi l'*Infinito* di Leopardi.
– Leopard*are*!

LAVORI IN CORSO

– Sai, sto facendo
ristrutturare la casa!

LEOPARDO

Che cos'è un leopardo?
Un gatto con il *morbillo*!

LETTERE URGENTI

Due lumache stanno andando a spedire della posta urgente. Vedono uscire dal palazzo delle Poste una tartaruga.
Una delle lumache, molto preoccupata, piagnucola:
– Siamo arrivate troppo tardi: *il corriere degli espressi è già partito*!

LIBERTÀ DI... SOGNARE!

Marco confida all'amico Stefano: – Sai, sogno di diventare un grande scrittore come mio padre!
– Ah, tuo padre è un grande scrittore?
– No, ma *sogna* di diventarlo!

L

LIBRO DEI NOMI

Marito e moglie attendono con trepidazione la nascita del primo figlio.
Per decidere che nome dargli, il padre legge alla mamma il Libro dei Nomi.
Li elenca tutti, in ordine alfabetico, uno dopo l'altro, ma alla futura mamma, per un motivo o per l'altro, non ne piace neanche uno.
Alla fine l'uomo dice: – Beh, allora ci rimane solo '*Indice*'!

LICEALI

Due ragazzi, che si sono conosciuti da poco al liceo, parlano di ragazze.
– A me nessuna ha mai detto di no! – dice il primo.
– Perché – gli chiede il secondo, – rimangono affascinate dai tuoi modi?
– No – ribatte il primo, – perché *evito di fare loro domande*!

MACCHIE SOLARI

Due casalinghe stanno chiacchierando in un supermercato. – Hai letto la notizia delle macchie solari? – dice una all'altra.
– Sì. Accidenti, questa volta dovranno proprio inventare un *detersivo nuovo*!

MAGGIORDOMO EDUCATO

– Il vecchio Gustavo è un maggiordomo eccezionale – racconta una signora a un'amica. – Bussa sempre *prima di aprire un armadio*!

MALORE

Una gallina dice a un'altra: – Oggi non mi sento molto bene. Forse sto *covando* qualcosa!

MEDAGLIA E MERITI

Un vigile ferma un passante e gli chiede: – Perché il suo cane non ha la medaglia di riconoscimento?
– Sa, signor vigile, non se l'è meritata. *Non ha mai compiuto niente di eccezionale...*

MEMORIA DI FERRO

Due amici chiacchierano per strada e uno dice: – Io ho una memoria eccezionale. Qualunque cosa entri nella mia testa, sicuramente non la dimentico più!
L'altro ne approfitta per dire: – Ah, bene, allora ti ricorderai senz'altro di quelle scarpe che ti ho prestato l'anno scorso...
– *Beh, quelle mi sono entrate nei piedi, non nella testa...*

MERCERIA

Una signora anziana entra in una merceria
nel centro di una città e chiede: – Vorrei un merletto, per favore...
La commessa le risponde in tono gentile:
– *Merletti* non ne abbiamo più, signora,
le va bene un *passerotto*?

MILLEPIEDI FRATTURATO

Il piccolo Mirco dice a un suo compagno di classe:
– Ti faccio un indovinello... difficilissimo! Che cosa fa 'pim-pim-pim-pim… tac'?
L'amico: – Mah, non lo so...
E Mirco: – È semplice: *un millepiedi con una zampa ingessata*!

MIMO

Qual è il colmo per un mimo?
Lavorare alla *radio*!

MINATORE

Qual è il colmo per un minatore?
Sentirsi un po' *giù*!

MINESTRE

Il piccolo Alessio, parlando con un amichetto, si lamenta dei pasti che gli prepara il padre.
– Quando la mia mamma, che fa l'infermiera, ha il turno di lavoro all'ora di pranzo, cucina il mio papà che fa il meccanico – racconta Alessio. – Ieri mi ha fatto la minestra coi dadi…
– E non era buona? – gli domanda l'altro.
– Niente affatto... e nemmeno *quella di bulloni che ha preparato oggi*!

MONOLOCALE

Adriana dice a un'amica: – Vorrei cambiare casa.
– E perché? – chiede l'amica. – Il tuo monolocale è molto carino!
– Già, ma è così piccolo che *se mi metto un paio di ciglia finte spolvero tutti i mobili*!

MUSEO D'ARTE MODERNA

– Non ho il coraggio di dire loro che quella, in realtà, è *la griglia del condizionatore d'aria*!

MOTORI

Una pantegana babbea sta soffiando sul motore della sua auto. Un amico gli passa di fianco e chiede: – Che cosa stai facendo?
E l'altra: – *Sto soffiando sulle candele per spegnere il motore*!

MUMMIA

Un archeologo, esperto nell'interpretare la scrittura egizia, trova una mummia.
La porta al direttore di un museo dicendo:
– Le porto una mummia di tremila anni fa, di un uomo con i denti molto malconci morto di infarto cardiaco.
– Ok, ok – dice il direttore del museo, perplesso.
– Ora faremo tutte le analisi.
Un mese dopo il direttore stupefatto chiama l'archeologo.
– Complimenti! La mummia aveva davvero tremila anni, aveva i denti molto malconci e grazie a tutti i nostri esami modernissimi, abbiamo accertato che l'uomo era morto d'infarto! Ma lei come faceva a saperlo?
L'altro sogghigna: – L'ho capito subito: in una mano stringeva ancora *il conto del dentista*...

NASELLO

Un piccolo merluzzo, sconsolato, confida la sua tristezza a papà merluzzo.

– Papà, credo proprio che gli altri pesci non mi comprendano.

– Perché hai questa impressione? – domanda il padre teneramente.

– Mi prendono sempre per il *nasello*!

NEBBIA

Un signore esce di casa a Milano alle sei del mattino per andare al lavoro.
È una grigia mattina di novembre... c'è una nebbia fittissima!
A un certo punto incrocia un amico e lo saluta: – Ciao Marietto, che nebbia, eh, stamattina, che nebbia, che nebbia! Un nebbione, dico!
L'altro: – Infatti... *io non sono Marietto*!

NETTUNO

– Mamma, chi è il dio del mare?
– Ne*tt*uno!
– Impo*tt*ibile, qualcuno dovrà pure e*tt*ere!

NEVE PERENNE

In Valle d'Aosta, un fuoristrada con due babbei a bordo si inerpica verso le cime nevose delle Alpi.
– Vedi – dice uno, – qui comincia la neve perenne.
E l'altro: – Scusami, ma anche a Catania la neve comincia *per... enne*!

NO PROBLEM!

– Non puoi suonare con le mani così sporche!
– No problem! *Suonerò solo i tasti neri*!

NOMI DA RIDERE 1

Come si chiama il famoso esperto di preistoria?
Dino Sauro!

NOMI DA RIDERE 2

Come si chiama il vogatore italiano arrivato ultimo alle Olimpiadi?
Remo Stanco!

NOMI DA RIDERE 3

Come si chiama il più famoso dentista greco?
Molares Kariatos!

NOMI DA RIDERE 4

Come si chiama la peggiore ballerina classica di tutta la Russia?
Ciolanka Sbilenka!

NONO PIANO

Due fattorini devono consegnare un pesante divano. Iniziano a salire le scale.
– Che fatica! – ansima uno quando sono al secondo piano. – Dove hai detto che si va?
– Al nono piano.
– Sei sicuro?
– Sì!
Riprendono a salire faticosamente. All'ottavo piano, uno dice: – Comincia ad andare al piano di sopra a suonare il campanello!
L'altro sale e poi ridiscende.
– Ho una notizia buona e una cattiva...
– E cioè?
– La notizia buona è che il piano è giusto…
– E la cattiva?
– Ehm... abbiamo sbagliato portone!!!

NOTE... MUSICALI?

Che cosa fa un professore di musica quando i suoi alunni non fanno i compiti?
Mette *tante note*!

N

NOTTURNO

– Conosci il *Notturno* di Chopin? – chiede un tizio a un amico.
– No, sai, sono abituato ad *andare a letto molto presto*!

NUMERO DI TARGA

– Mi hanno rubato la macchina! – strilla un tizio per strada.
– Non si preoccupi – lo rassicura una pantegana babbea che ha assistito al furto. – *Ho preso il numero di targa*!!!

NUMERO DI TELEFONO

Due pantegane babbee si incontrano. Una dice all'altra:
– Dovrei parlare con Carlo, ma non ho il suo numero di telefono.
E l'altra, con aria furbetta: – Beh, è semplice: *prova a telefonargli e fattelo dare*!

OCCASIONE

Il suono del campanello di casa interrompe il sonnellino pomeridiano del signor Rossi.
L'uomo va ad aprire: si tratta di un venditore porta a porta che gli propone di acquistare un librone dal titolo 'Come raddoppiare i propri soldi in un mese'.
Già sognando di poter diventare ricco in fretta, il signor Rossi acquista il libro.
Rientrato in casa, si siede in poltrona e lo apre, immaginando già che cosa potrebbe fare una volta ricco. Dentro c'è scritta una sola frase: '*Sarebbe bello, eh?*'.

OCCHIALI... SUL MENTO?

– L'oculista mi ha detto che la vista *mi si è abbassata*!

OFFRESI LAVORO

Un cartello sulla finestra di un ufficio dice: 'Offresi lavoro. Pari opportunità'.
Un cane, passando di lì, vede il cartello ed entra chiedendo il posto. Ma il direttore gli risponde:
– Veramente non sto cercando un cane per questo lavoro.
Il cane insiste: – Ma c'è scritto 'Pari opportunità'!
Così, il direttore lo mette alla prova facendogli scrivere a macchina una relazione.
Il cane, velocemente, consegna il foglio senza alcun errore. Ma il direttore non si convince: – La persona che cerchiamo deve anche saper usare perfettamente il computer.
Un'ora dopo, il cane presenta al direttore un nuovo programma di videoscrittura che funziona benissimo.
Il direttore, non sapendo cos'altro dire, aggiunge:
– Vede, ho bisogno di qualcuno bilingue!
Il cane guarda il direttore e risponde: – *Miaooo*!

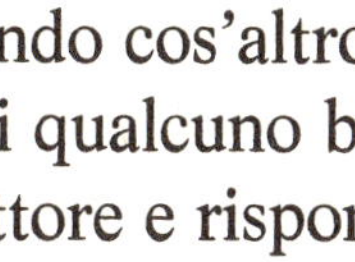

OHI OHI OHI...

– Ohi, ohi, ohi...
la sua *lingua* è piena di pallini...

OLANDESE

Qual è il colmo per un olandese?
Menar il can per l'*Aia*!

ORA

Se una maglietta ha 5 buchi davanti e 4 dietro...
È ora di buttarla...

ORA ESATTA

Un tizio per strada ferma un passante per chiedere che ore sono.
– Le 16 in punto! – risponde cortesemente l'altro.
Il tizio si allontana borbottando: – La gente di questa città non è precisa! È tutto il giorno che mi sento dare *risposte differenti*!!!

ORATA FIDATA!

– Certo che si può fidare di questa orata: *sono due anni che l'abbiamo e non ci ha mai dato noie!*

PASSAPORTO... PER GALLINE

Una gallina vuole fare un viaggio all'estero e si reca in questura per chiedere il passaporto.
– Ah, no no, così non va – dice il funzionario.
– Perché? – chiede la gallina.
– Manca la marca *da pollo*!

PASSATO DI VERDURA

Qual è il passato di verdura?
Io verdurai, tu verdurasti, egli verdurò...

PECORE E PIOGGIA

– Piove! Presto, andiamo dentro:
con l'acqua la *lana si restringe*!

PENNA

La signora Antonella va in cartoleria per comprare un regalo al marito.
– Avete una penna che scrive sott'acqua? – domanda al commesso.
– Ma certamente, signora – risponde il commesso del negozio con un sorriso. – Tutte le nostre penne *scrivono 'sott'acqua'... e ogni altra parola che vuole*!

PENNELLO DA BARBA

Il papà di Luigino si sta facendo la barba e borbotta:
– Come mai questo pennello da barba è così duro?
E Luigino: – *Strano. Ieri quando l'ho usato per dipingere la mia bicicletta era... morbidissimo*!

PERFEZIONE E MODESTIA!

La piccola Clara si confida con un'amica: – Sai, io ho smesso di essere invidiosa quando ho capito di essere... *perfetta*!

P

PESCA FORTUNATA

Un tizio incontra un amico che gli domanda com'è andata la sua giornata di pesca.
– Lascia stare, guarda... è stata una giornataccia – racconta lui. – A mezzogiorno avevo pescato solo una vecchia scarpa! Meno male che nel pomeriggio le cose sono andate meglio...
– Hai preso molti pesci? – gli chiede l'altro.
– No – risponde il pescatore, – però ho preso *l'altra scarpa*!

PIATTO O VASO DA NOTTE?

– Sai la differenza tra un piatto e un vaso da notte? – chiede il piccolo Luigi a un amico.
– No...
– *Allora a casa tua non ci vengo a mangiare!*

PICASSO

Un tizio a un amico: – Ho preso un abito che indossò il pittore Pablo Picasso: mi sta *a pennello*!

PISCINE

– Quella vuota è per gli ospiti
che *non sanno nuotare*!

PISTA E BICICLETTA

Tonino si alza alla mattina tutto felice.
– Perché sei così contento? – chiede il papà.
– Perché ho sognato che per il mio compleanno tu mi regalavi la bicicletta e la mamma mi regalava una pista per i trenini!
Il papà: – Beh, Tonino, ricordati che avviene sempre l'opposto di ciò che si sogna.
Tonino: – Ok, papà, allora *tu mi regalerai la pista e la mamma... la bicicletta*!

PITTORI E FALEGNAMI

– Signora maestra, è vero che se un pittore dipinge se stesso fa un *autoritratto*?
– Sì, certamente!
– Allora se un falegname costruisce un mobile per sé, fa l'*automobile*?!

PIZZAIOLO

Qual è il colmo per un pizzaiolo?
Avere una moglie che si chiama *Margherita* che ogni *4 stagioni* fa la *capricciosa*!

QUADERNO

Il piccolo Giovanni entra in una cartoleria e si guarda un po' intorno incuriosito. Poi va al bancone, si rivolge al cartolaio e gli chiede gentilmente:
– Per favore, potrebbe darmi un quaderno a quadretti?
E il cartolaio: – Spesso?
– No... *solo oggi*!

QUADRUPEDI

– Lucia, sai dirmi il nome di tre quadrupedi?
– Certo, signora maestra – risponde la bimba senza esitare.
– Un cane, un gatto e... *due galline*!

QUALE TEMPO?

– Vedi, quel signore con la bacchetta
in mano segna il tempo.
– Davvero? E dimmi, *che tempo farà domani*?

QUALIFICAZIONE

– Ieri ho assistito a una gara di cucina – dice Fabio a un amico. – Il primo classificato ha vinto il primo, il secondo classificato il secondo.
– E il terzo? – chiede l'amico.
– Il terzo ha vinto *la frutta*!!!

QUANTI OCCHI?!

Qual è il colmo per due ciclopi?
Parlarsi *a quattr'occhi*!

QUANTITÀ GOLOSE

Matteo viene interrogato in matematica.
– Una mamma ha 6 figli e 9 mele. Vuole che ogni figlio abbia la stessa quantità di mele. Che cosa fa? – chiede la maestra.
– *Una torta di mele*! – risponde Matteo.

QUARTA VOLTA

– È la *quarta volta* che vedo questo film,
e le assicuro che gli attori *non hanno mai recitato così bene come stasera*!

QUATTRO PASSI

I signori Babbeotto stanno facendo un viaggio in aereo.
Dopo qualche ora di volo la moglie dice: – Non ce la faccio più a star qui seduta! Ho bisogno di sgranchirmi un po' le gambe!
E il signor Babbeotto:
– Va bene, *usciamo a fare quattro passi*!

QUATTRO VOLTE

Un contadino chiede all'altro: – Scusa, perché torci quattro volte la cresta al gallo?
– È semplice: *lo carico perché canti domattina alle quattro*!

QUESTO E QUELLO

Giannina, tornando a casa da scuola, si lamenta con la mamma: – Insomma, non voglio più andare a scuola, la maestra non sa niente!
– Ma come puoi dire una cosa del genere?
– Passa tutta la mattina *a domandare questo e quello*...

QUINTALI!

Luca e due amici parlano dei rispettivi padri.
– Il mio papà – si vanta il primo – è l'uomo più forte del mondo, riesce a sollevare un quintale!
– Il mio papà è più forte – dice il secondo – riesce a sollevare dieci quintali!
Luca ribatte: – Il mio papà è ancora più forte, riesce a sollevare dieci tonnellate!
– Uh, possibile? Ma come fa?
E Luca: – Lavora in un cantiere... fa il *gruista*!

QURZITTIS

Un signore entra in una famosa pasticceria in centro città e, rivolgendosi alla commessa, chiede cortesemente:
– Signorina, scusi... vorrei un grossissimo qurzittis alla menta.
E la donna, per tutta risposta:
– Un qurzittis… *alla che*?

QUASI GIUSTO

– I suoi metodi sono troppo antiquati... quell'albero non farà neanche una *mela*!

– Bravo! Infatti è un *pero*!

QUI SU PLUTONE?!?

– Che cosa ci fa lei qui su Plutone?!?
– Accidenti, devo aver *sbagliato strada*!

RACCONTI... CUCITI!

Sul giornale: 'Romanziere di successo cerca sarta per *imbastire una trama*'!

RADICCHIO

Una pantegana babbea entra dall'ortolano e chiede al commesso:
– Mi dia un radicchio, per favore.
– Comune?
– *Bolzano!*

REGALO APPARISCENTE!

– Vorrei un regalo da cinque euro
che però *sembri sia costato cinquanta!*

RICONOSCIMENTO DIFFICILE

– Come fai a distinguere un ciliegio da un pero? – chiede l'insegnante di botanica a Luca.
– Dai frutti! – risponde lui prontamente.
– E se sugli alberi non ci sono frutti?
– In questo caso, *aspetto*...

RIFORNIMENTO

I signori Babbeotto, in vacanza con la roulotte, si fermano a fare benzina. Dopo aver fatto il pieno, il benzinaio chiede ai due se serve anche l'olio. Affacciandosi dal finestrino, la signora dice con un sorriso: – No, grazie, quello ce l'abbiamo. *È l'aceto, che abbiamo finito*!

RIMPIAZZO

Un automobilista bussa alla porta di una fattoria. Gli apre un contadino.
– Sono spiacente, ho appena investito il suo gatto. Ma sono disposto a rimpiazzarlo.
Il contadino: – Bene, salga pure le scale, *c'è un topo nel solaio*!!!

RIPETIZIONE

Ginetto Babbeotto sta guardando la televisione in compagnia dell'amico Valerio.
– Quel cartone animato è bellissimo – dice il primo.
– È proprio vero – concorda l'amico. – Sul giornale c'era scritto che, visto il grande successo, ripeteranno tutte le puntate!
– Ah – dice Ginetto grattandosi la testa. – Allora vuol dire che il maestro era molto contento di me, l'anno scorso.
– Perché? – gli chiede Valerio.
E lui: – *Mi ha fatto ripetere l'anno*!

RISPARMIO

Un tipo dice a un amico: – Che cosa ne dici di tutte le storielle che si raccontano sulla tua avarizia?
L'altro, con tono scostante, ribatte: – Ah, dico che potrebbero anche *risparmiarsele*...

ROMANZI A COLORI!

– Devo andare dall'oculista... *non capisco se questo è un romanzo rosa o un romanzo giallo!*

R

RITROVAMENTO

– Cameriere! – reclama scocciato un anziano signore seduto al tavolo di un famoso ristorante di lusso.
– Ho trovato un bottone nel mio piatto!
E il cameriere: – Oh, grazie! *Erano ore che lo cercavo...*

ROBOT

Qual è la minestra preferita dai robot?
La minestra di *dadi*!

ROSPI E RANE

Qual è il colmo per una rana offesa?
Ingoiare il rospo!

ROTOLO DI SCOTCH

Qual è il colmo per un rotolo di scotch?
Non essere mai *scocciato*!

SALUTI SPORTIVI

A scuola, durante l'ora di ginnastica, il professore sorridendo dice: – Buongiorno, arrivederci, buonasera, a domani...
Uno degli alunni chiede: – Ma professore, che cosa sta dicendo?
E il professore: – Ma perché, non lo sapete che lo sport è *salutare*?

SARTO GIAPPONESE

Come si chiama il più famoso sarto giapponese?
Sumisura!

SCENA PREFERITA

– Qual è la scena che ti è piaciuta di più?
– Quando quel signore con la giacca rossa mi è passato vicino gridando: '*Gelatiiii!*'.

SCIENZIATO

Che cosa fa uno scienziato in spiaggia?
Si fa venire un *mare di idee*!

SCIROPPO E CAROTE

Sul giornale si legge la seguente notizia: 'Rubati 1.000 flaconi di sciroppo e 200 chili di carote: le forze dell'ordine stanno cercando un *coniglio con la tosse*'.

SDOLCINATO... MA NON TROPPO!

Un corteggiatore fa una serenata sotto le finestre della sua bella. Suona il mandolino e canta una canzone:
'Alla mattina non mangio, perché penso a te... *ploing ploing ploing*!
A mezzogiorno non mangio, perché penso a te... *ploing ploing ploing*!
Alla sera non mangio, perché penso a te... *ploing ploing ploing*!
Di notte invece non dormo... *perché ho una fame tremenda*!'.

SEGRETO... ACQUATICO!

Un pesce dice a un altro pesce: – Ehi, ti dico un segreto... Però, mi raccomando, *acqua in bocca*!

SEI... MILA?

Lillo vuole fidanzarsi con Mila, così decide di comprarle un anello con diamante e va in gioielleria.
Indica al gioielliere un anello: – Vorrei quello! Quanto costa?
Il gioielliere risponde: – *Seimila*!
E Lillo: – *No, no, io sono Lillo*!

SELEZIONE NATURALE

Perché i gatti hanno imparato a vedere al buio?
Perché non riescono ad arrivare all'interruttore della luce!

SENZA PAROLE

S

SEMI DI SALAME

Una pantegana babbea viene invitata a casa di un contadino per cena e le viene offerto dell'ottimo salame. A un certo punto il contadino nota che la pantegana prende i grani di pepe e se li mette in tasca. Allora il contadino chiede: – Le è piaciuto il mio salame? Se vuole, gliene posso dare un po' da portare a casa.
– No, grazie – risponde la pantegana, – ho già preso *i semi*!

SENZA NESSUNA USCITA

Un signore arriva in un albergo, sale in camera e poco dopo chiama agitatissimo la reception.
– So che sembra incredibile, ma la mia stanza è senza uscita!
– Impossibile, signore, guardi bene...
– Ho guardato bene. Ci sono tre porte: una è del bagno, una dell'armadio a muro...
– E l'altra?
– Nell'altra non so perché *alla maniglia è appeso un cartello con scritto: 'Non disturbare'*!

SGANCIO DELLO SHUTTLE

– Caspita se va veloce quello!
– Vorrei vedere te, se avessi la coda in fiamme!

S

SMALTO

Un millepiedi chiede alla moglie: – Cara, dobbiamo uscire, sei pronta?
– No – risponde lei, – mi ci vuole ancora parecchio tempo, *perché mi sto mettendo lo smalto sulle unghie dei piedi...*

SOGLIOLE

Una signora telefona al proprio pescivendolo.
– Domani ho ospiti a pranzo. Mi può mandare al più presto una decina di sogliole?
– Senz'altro – risponde il negoziante. – Per la consegna, lei è in casa tutta la mattina?
– Non lo so – dice la signora, – *ma se fossi fuori me le passi pure sotto la porta*!

SOLLEVATORE DI PESI

Come si chiama il più famoso sollevatore di pesi russo?
Nun Celafaccioff!

SOTT'ACQUA

– È meglio se restiamo ancora un po' sotto:
fuori sta piovendo a catinelle!!

SQUADRA DI CALCIO

Il capitano di una piccola squadra di calcio, ultima in classifica, spiega ai suoi compagni:
– Finalmente ho capito qual è il nostro punto debole: *non sappiamo giocare*!

STILI DI NUOTO

Due topini al mare.
– Io adoro nuotare a delfino. E tu?
– A cozza.
– A cozza?
– *Sì, attaccato allo scoglio!*

SUB... CON INTERPRETE!

Sapete come mai i sub portano sempre con sé la muta ogni volta che vanno a fare qualche immersione?
Per usarla come *interprete dei pesci*!

SUCCESSO NON GARANTITO!

– Perché nessuno pensi che c'è il trucco, dimmi: vero che io e te non ci siamo mai visti prima?

– *Sì, papà!*

S

SUCCO DI FRUTTA

Un signore in un bar aspetta di ordinare.
Arriva il cameriere:
– Desidera?
– Un succo di frutta...
– Che gusto?
– Pesca!
Il cameriere si avvicina al frigorifero, ci pensa un po', chiude gli occhi, *ne pesca uno a caso* ed esclama:
– Albicocca!

SUPEREROE

Un signore sta rientrando a casa dal lavoro e vede volare Superman fuori dalla finestra di casa sua. Incuriosito e anche un po' preoccupato, apre la porta e chiama la moglie:
– Cara, che cosa è successo?
– Nulla – risponde la moglie, – ho solo fatto battere il tappeto!
– E c'era bisogno di chiamare Superman per questo? – chiede il marito un po' sorpreso.
– Per forza – dice la moglie. – *Era il tappeto volante*!

TABELLINE

La maestra controlla se Paolino ha studiato le tabelline:
– Quanto fa tre per tre?
– Ehmmm… otto? – prova Paolino.
– No, nove – dice la maestra. – E cinque per cinque?
– Qui… quindici? – azzarda ancora Paolino.
– No, venticinque – lo corregge la maestra.
– Proviamone una facile facile: uno per uno?
– E Paolino, sicuro: – *Non fa male a nessuno*!

TAGLIARE

– Le vado subito a prendere una camicia bianca.
La taglia?
– No, no, *la tengo intera*!

TAGLIO DI CAPELLI CREATIVO!

Un signore va dal parrucchiere e gli dice: – Vorrei un taglio un po' sbieco, con due ciuffi un po' più lunghi a destra e la frangia a zig-zag…
Il parrucchiere scandalizzato: – Ma questo non è un taglio!
– Davvero? *È quello che mi ha fatto lei la volta scorsa*!

TARTUFO

Che cos'è un tartufo?
Una tartina volante non identificata…

TARZAN ALL'UNIVERSITÀ

Tarzan, deciso a completare la sua istruzione, si trasferisce in città e va all'università. L'impiegato gli dà una mano a compilare il modulo d'iscrizione:
– Innanzitutto devi mettere una firma qui e un'altra qui. Poi devi dirmi quale ramo scegli!
– Ramo? – domanda Tarzan un po' demoralizzato.
– Ma… *non posso avere un banco come tutti gli altri studenti dell'università*?!

T

TEATRO

Fuori da un teatro un topo chiede a un altro: – Allora, che si fa, entriamo?
– Ma no!
– Ma perché?
– Non hai visto? Dentro ci sono *quattro gatti*!

TECNOLOGIA QUOTIDIANA

– Ormai i computer sono dappertutto – dice un tale a un amico. – Ieri, per esempio, sono stato al ristorante e quando ho chiesto dov'era il bagno mi hanno detto di seguire le indicazioni '*www.c*'!

TELECOMANDO

Sul divano c'è la mamma che sta trafficando con il telecomando.
La bambina chiede: – Mamma, me lo passi *un secondo*?
– Perché, *il primo* lo hai già mangiato?

TELECOMANDO... PER LIBRI!

– No, tesoro, *questo* non ha bisogno
di un telecomando per accenderlo...

TELEFONO

Squilla il telefono. La padrona di casa si precipita subito a rispondere: – Pronto?
Dall'altra parte, una voce femminile le dice: – Monica! Che ti è successo? Hai cambiato voce!
– Ma... veramente io non mi chiamo Monica!
– Ma dai... non venirmi a dire che hai anche *cambiato nome*!

TELEVISIONE

La piccola Clara, mentre guarda la televisione in compagnia del fratellino, fa questa profonda riflessione:
– Pensa un po'... se un secolo fa non avessero inventato l'elettricità, adesso staremmo ancora guardando la televisione *con le candele*.

TOILETTE

– Se c'è qualcuno dica 'sì',
altrimenti dica 'no'!

TEMPO E TAXI

Una pantegana babbea arriva alla stazione ferroviaria di una grande città.
Per la prima volta in vita sua deve prendere un taxi e, per evitare spiacevoli sorprese, prima di salire chiede quanto costa.
– Dipende dal tempo – risponde con aria distratta il tassista.
La pantegana, allora, alza lo sguardo, scruta il cielo e dice: – *Mettiamo che resti nuvoloso, ma non si metta a piovere...*

TENDE

Perché le tende piangono?
Perché sono... *da sole*!

TOTALE

– Papà, ho fatto 13! *Ho preso 5 in italiano, 5 in matematica e 3 in disegno...*

T

TENNIS

Un signore torna a casa la sera e dice alla moglie:
– Cara, sai, il medico mi ha detto che devo smettere di giocare a tennis!
– Ah, *ti ha visto giocare anche lui*? – chiede con aria stupita la moglie.

TERMOMETRO

Federico al papà: – Papà, papà! È sceso il termometro!
Il papà: – Davvero? E di quanto?
Federico: – Ehm, di circa dieci metri... *mi è caduto dal balcone*!

TIRANNOSAURO

Perché il Tirannosauro era sempre l'ultimo a mettersi in caccia, al mattino?
Perché perdeva un sacco di tempo a *lavarsi i denti*!

UBIQUITÀ

Qual è l'animale che si trova contemporaneamente in tre posti?
L'a...qui...la.

UCCELLINI E COMPUTER

Che cosa fa un uccellino su un computer?
Chip!
E un uccellino minuscolo su un computer?
Micro-chip!

U

ULTIMA ORA

Cameriere licenziato per essersi steso nel piatto con un pesce. Per discolparsi ha spiegato: – Non potevo deludere il cliente che aveva detto: 'Vada e torni *in un secondo*'!

ULTIMA PAROLA!

Un tipo racconta a un amico: – Quando litigo con mia moglie, ho sempre io l'ultima parola.
– E che cosa le dici?
– *Scusami, cara*...

ULTIMI PIANI DI CORSA!

In farmacia, un tipo entra e chiede: – Per cortesia, vorrei qualcosa per sudare!
Il farmacista, prontissimo, tira fuori da sotto il tavolo due pesanti sacchetti della spesa e glieli affida, dicendo: – *Ecco, me li consegni in Corso Garibaldi 15, quinto piano, senza ascensore, di corsa*!

ULTRACENTENARIA

– Qual è il segreto per arrivare fino a cento anni?
– Caro mio, basta *saper aspettare*...

UMBRIA

– Paolo, dove si trova l'Umbria?
– *A pagina 84*, signora maestra.

UNITÀ DI MISURA

– Sai dirmi se è più lungo il Po o il Mississippi?
– Il Mississippi!
– Esatto! E di quanto?
– *Nove lettere!*

UOVA

Ci sono due uova in una padella.
A un certo punto il primo uovo dice all'altro: – Caspita che caldo fa qui, oggi!
L'altro si gira urlando: – Ahhh! Un uovo *che parla*!

URGENZA

Un'auto della polizia è ferma vicino a un semaforo quando, improvvisamente, arriva un'automobile a tutta velocità che passa col rosso.
Il poliziotto ferma il tizio, gli appioppa una bella multa e gli dice: – Adesso mi segua in centrale, perché la aspetta una bella ramanzina. E le va bene che il capo oggi è di buonumore perché stamattina si sposa sua figlia!
– Non ne sarei così sicuro – ribatte l'uomo, con aria preoccupata. – Veramente... *lo sposo sarei io*!!!

URLO STORICO

– Che cosa fece per prima cosa Cristoforo Colombo quando sbarcò nel nuovo mondo? – chiede la maestra al piccolo Luca.
– Lanciò un grido *terri*ficante! – risponde Luca.
– Come terrificante?
– Sì, gridò: ‘*Terra*! *Terra*!’.

URRÀ!

Due amici, appassionati di equitazione, parlano dei rispettivi cavalli.
– Il mio cavallo è così bene addestrato che ogni volta che gli dico ‘Hop... hop’ lui esegue dei salti impressionanti.
L’altro ribatte: – Il mio è molto più addestrato; ogni volta che gli dico ‘Hip... hip’, lui mi risponde: ‘*Urrà*’!

USATO

Un bambino va in un negozio di giocattoli e compra un’automobilina. Appena va alla cassa per pagare, tira fuori dal proprio zainetto una macchinina mezza scassata e chiede al commesso: – *Voi ritirate l’usato, vero*?

USCITA DOMENICALE

– Che bello! Domenica danno sole:
così i cuccioli potranno giocare *fuori*!

UOVO IN CAMICIA

— So che aveva chiesto un uovo in camicia, ma oggi fa freddo e le uova le serviamo *col cappotto*!

VACANZE

Due amici parlano delle vacanze.
– Dove andrai in vacanza questa estate?
– Navigherò.
– Bello, e dove farai la crociera?
– A casa: *navigherò in Internet*!

VALLI... CANINE!

Qual è la valle preferita dai cani?
La Val... d'*Ossola*!

VANTERIA

Un tipo babbeo si vanta con gli amici...
– Ah, non faccio per vantarmi, ma ieri ero sul giornale...
Gli amici: – Ma davvero?
Il babbeo: – Eh sì! Il titolo diceva: 'Il presidente della Repubblica parla alla folla. La folla lo applaude'... Beh, ragazzi, modestamente, *tra la folla c'ero io*!!!

VASO DA FIORI

Alessia va dalla mamma.
– Cara, carissima mammina, sai che cosa ti regalerò per il tuo compleanno? Un bel vaso da fiori!
La mamma, commossa: – Grazie, Alessia, è un pensiero davvero carino, ma io ho già un vaso da fiori.
Alessia: – Ehm, mammina, non ce l'hai più il vaso... *te l'ho appena rotto io*!

VEGETALI INNAMORATI

Il granoturco alla pannocchia:
– Non ci lasceremo *mais*!

VENTIDUE ANNI

– Sono venuto a chiederle un aumento.
Dopotutto lavoro qui da ventidue anni...
– Appunto! *Ed è la prima volta che mi fa ridere!*

VELE SPIEGATE

Il capitano di una nave si rivolge a un cadetto:
– Marinaio Giuliani, spiega le vele!
E il marinaio: – *Le vele sono dei pezzi di tela a forma triangolare e servono per...*

VELOCISTA

Qual è l'animale più veloce del mondo?
Il pidocchio, *perché sta sempre in testa*!

VENERE

Un giornalista intervista un astronauta al ritorno da Venere.
– C'è vita lassù?
– *Oh, solo il sabato sera!*

VENTAGLI

Che cosa fanno due ventagli?
Un... *quarantaglio*!

VERNICE FRESCA

– Ma non ha letto il cartello 'Vernice *fresca*'?
– Sì, ma i miei pantaloni sono di lana
e tengono caldo!

VICINANZE FASTIDIOSE

– Mario, dimmi, qual è l'animale che più si avvicina all'uomo? – chiede la maestra.
– *La zanzara*! – risponde pronto il bambino.

VICINI NOIOSI

Di ritorno dalla festa di compleanno di un suo amichetto, il piccolo Luca dice alla mamma: – È stata una noia: *nessuno voleva giocare a tirarsi la torta in faccia*!

VIDEOAMATORE

Qual è il colmo per un videoamatore?
Filmare una lumaca *al rallentatore*!

VINCITE INGOMBRANTI

Un tale chiede a un amico: – Potresti prestarmi il tuo furgone?
– Certo, ma a che cosa ti serve?
– Sai, ho vinto un soggiorno a Parigi e vorrei andare a ritirarlo!

VINCITORE?!

– Il vincitore?! Così conciato?
Figuriamoci come sarà ridotto il vinto!

VOGLIA DI STUDIARE

– Posso venire da te a studiare?
Da noi si è rotta la televisione!

VOLPI

Due volpi sono sedute da una buona mezz'ora davanti alla tana di una talpa.
– Non prenderai mai quella talpa, è furba e non uscirà!
Invece di rispondere, l'altra volpe squittisce e subito dalla tana esce la talpa...
– Amica mia, al giorno d'oggi *se non sai almeno due lingue non ti dà retta proprio nessuno...*

VOTO MERITATO?

La maestra chiama Marco.
– Marco, guarda quanti errori ho dovuto correggere nel compito! Adesso, secondo te, che voto dovrei darti?
Marco, con un sorriso furbetto, risponde: – Dovrebbe darmi dieci, signora maestra!
– Dieci? E perché?
– Ma perché adesso *di errori non ce ne sono più nel compito*, signora maestra!!!

VIGILE

– Signora, la sua auto non può stare *ferma qui*!
– Ehm, e se gliela *dondolo* un po' avanti e indietro?

ZAINO

Il maestro, durante una gita in collina, cerca di insegnare ai suoi ragazzi i punti cardinali.
– Allora, Antonio... davanti a te hai l'Ovest, alla tua destra hai il Nord e alla tua sinistra il Sud. Che cos'hai alle spalle?
– *Lo zainetto*, signor maestro!

ZANZARE SUPERSTAR

Perché le zanzare credono di essere delle dive?
Perché quando passano, *tutti battono le mani*!!!

Z

ZATTERA... DI SALVATAGGIO

Una pantegana babbea sta facendo una crociera su una nave, quando questa urta uno scoglio e inizia ad affondare. Disperata, la pantegana non sa che cosa fare, finché non si avvicina un marinaio che le dice: – Vieni con me e fai come faccio io.
Il marinaio con pochi colpi decisi taglia le funi di una scialuppa di salvataggio.
Allora anche la pantegana comincia a dare dei gran colpi sulla barca facendola a pezzi.
Il marinaio, inorridito, le chiede: – Ma che cosa stai facendo?
E la pantegana: – *Ti aiuto a fare la zattera*!

ZEBRA

Perché la zebra riesce a prepararsi velocemente per andare a letto?
Perché *indossa già il pigiama*!

ZiTTA!

– Pensavo di chiamarmi Elisa, ma ormai sono due anni che i miei genitori mi chiamano '*Zitta*'!

Z

ZOLLETTE DI ZUCCHERO

Una zolletta di zucchero chiede un appuntamento a un'altra zolletta e le dice: – Dove ci incontriamo?
E l'altra: – Mah... *in un cappuccino*!

ZONZO

Il proprietario di una pensioncina per animali si lamenta: – Il pappagallo non è più nella sua gabbia, come mai? Non sarà andato a zonzo?
Un giovane aiutante si gira e, con aria distratta, gli risponde: – Ah, non saprei proprio, però cinque minuti fa mi sono accorto che *il gatto del box accanto parlava...*

ZUCCHERO

Che cosa mettono i marinai sul pandoro?
Lo zucchero... *a vela*!

ZZZZZZZZZ...

– Zitta tu, non ho bisogno
di *suggerimenti*!

Z

ZUCCHINE

Una signora a un'amica: – Ieri sono andata nell'orto a prendere le zucchine, ma ho trovato mio marito disteso a terra: è inciampato ed è caduto proprio sulle zucchine.
– Poverino! E tu che cosa hai fatto?
– *Beh, invece delle zucchine ho cucinato patate.*

ZUPPA DI CIPOLLE

Due amici al ristorante si stanno raccontando che cosa è successo durante le vacanze.
– Sai che il tuo racconto mi tiene con il fiato sospeso? – dice il primo.
L'altro risponde con un sorrisetto ironico:
– Beh, meno male... visto che hai mangiato la *zuppa di cipolle*!

ZONA DISCO

– Dove hai parcheggiato?

– In *zona disco*!

Geronimo Stilton

STORIE DA RIDERE

1. Il misterioso manoscritto di Nostratopus
2. Un camper color formaggio
3. Giù le zampe, faccia di fontina!
4. Il mistero del tesoro scomparso
5. Il fantasma del metrò
6. Quattro topi nella Giungla Nera
7. Il mistero dell'occhio di smeraldo
8. Il galeone dei Gatti Pirati
9. Una granita di mosche per il Conte
10. Il sorriso di Monna Topisa
11. Tutta colpa di un caffè con panna
12. Il mio nome è Stilton, Geronimo Stilton
13. Un assurdo weekend per Geronimo
14. Benvenuti a Rocca Taccagna
15. L'amore è come il formaggio...
16. Il castello di Zampaciccia Zanzamiao
17. L'hai voluta la vacanza, Stilton?
18. Ci tengo alla pelliccia, io!
19. Attenti ai baffi... arriva Topigoni!
20. Il mistero della piramide di formaggio
21. È Natale, Stilton!
22. Per mille mozzarelle...
    ho vinto al Tototopo!
23. Il segreto della Famiglia Tenebrax
24. Quella stratopica vacanza
    alla pensione Mirasorci...
25. La più grande gara
    di barzellette del mondo
26. Halloween... che fifa felina!
27. Un vero gentiltopo non fa...
    spuzzette!
28. Il libro-valigetta giochi da viaggio
29. L'isola del tesoro fantasma
30. Il Tempio del Rubino di Fuoco
31. La maratona più pazza del mondo!
32. Il libro dei giochi delle vacanze
33. Il misterioso ladro di formaggi
34. Uno stratopico giorno... da campione!
35. Quattro topi nel Far West!
36. In campeggio alle Cascate del Niagara
37. Ahi ahi ahi, sono nei guai!
38. La vita è un rodeo!
39. La Valle degli Scheletri Giganti
40. È arrivata Patty Spring!
41. Salviamo la balena bianca!
42. Lo strano caso della Pantegana Puzzona
43. Lo strano caso dei Giochi Olimpici
44. Ritorno a Rocca Taccagna
45. La Mummia senza nome
46. Lo strano caso del vulcano Puzzifero
47. Agente segreto Zero Zero Kappa
48. Lo strano caso del tiramisù!
49. Il Mistero degli Elfi
50. Il segreto del Lago Scomparso
51. Te lo do io il Karate!
52. Non sono un supertopo!
53. Il furto del Diamante Gigante
54. Ore 8: a scuola di formaggio!
55. Chi ha rapito Languorina?
56. Non mi lasciare, Tenebrosa!
57. La corsa più pazza d'America!
58. Attacco alla statua d'oro!
59. Lo strano caso del Sorcio Stonato
60. Il tesoro delle Colline Nere
61. Il mistero della perla gigante
62. Sei ciccia per gatti, Geronimo Stilton!
63. Che fifa sul Kilimangiaro
64. Lo strano caso del fantasma al Grand Hotel
65. Il mistero della gondola di cristallo
66. Brodo di topo... e ghigni felini
67. Lo strano caso del calamarone gigante
68. Il segreto dei tre samurai
69. Datti una mossa, Scamorzolo!
70. Da scamorza a vero topo... in 4 giorni e
    mezzo!
71. Lo strano caso della Torre Pagliaccia
72. Lo strano caso del ladro di notizie
73. Sei in trappola Geronimo Stilton!
74. Il mostro di Lago Lago
75. C'è poco da ridere, Stilton
76. S.O.S. c'è un topo nello spazio!
77. La Banda del Gatto
78. Grosso guaio in Mato Grosso
79. Giù le zampe dal mio oro!
80. Viaggiare... che passione!
81. Ingrana la marcia, Stilton!
82. Inseguimento a New York
83. Ci mangeremo Geronimo Stilton
84. Che vacanza a Rocca Taccagna!
85. Il ladro di croste
86. Dov'è sparito Falco Rosso?
87. Geronimo cerca casa
88. Il tesoro di Valle Valgatta
89. La gara dei supercuochi
90. Lo strano caso dei brufoli blu
91. Il mistero delle sette matrioske
92. Caccia al libro d'oro
93. Il tesoro di Rapa Nui
94. C'è un pirata in internet

95. Una tremenda vacanza a Villa Pitocca!
96. Lo strano caso dei formaggi strapuzzoni
97. Il mistero del papiro nero
98. Allarme... topo in mare!
99. Appuntamento... col mistero!
100. Il castello delle 100 storie
101. Il mistero del rubino d'Oriente
102. Operazione panettone
103. Un topo in Africa
104. La magica notte degli Elfi
105. Il mistero del violino scomparso
106. Lo strano caso del ladro di cioccolato
107. Finale di Supercoppa... a Topazia!
108. Il Fantasma del Colosseo
109. La notte delle Zucche Mannare
110. Il segreto dei Pattini d'Argento
111. Ahi, ahi, ahi, che avventura alle Hawaii!
112. Compleanno... con mistero!
113. Te lo do io il miele, Stilton!

I PREISTOTOPI

1. Via le zampe dalla pietra di fuoco!
2. Attenti alla coda, meteoriti in arrivo
3. Per mille mammut, mi si gela la coda!
4. Sei nella lava fino al collo, Stiltonùt!
5. Mi si è bucato il trottosauro!
6. Per mille ossicini, vai col brontosauro!
7. Dinosauro che dorme non piglia topi
8. La tremenda carica dei Tremendosauri
9. Mordosauri in azione, pericolo estinzione!
10. Cadono notizie da urlo, Stiltonùt!
11. Trottosauro contro ostrica mannara
12. Polposaura affamata... coda stritolata!
13. Per mille pietruzze... il gonfiosauro fa le puzze!
14. Ahi ahi Stiltonùt, è finito il latte di mammut!
15. Non svegliate le mosche Ronf Ronf!
16. Chi mi ha rubato l'acqua del fiume?
17. L'bominevole ratto delle nevi
18. Pericolo giurassico: piovono meteoriti!
19. La grande sfida dei preistocuochi
20. Inizia la sfilata... figuraccia assicurata!
21. Il mostrosauro degli abissi
22. L'amore ai tempi del T-Rex
23. Timidosauri in cerca di casa
24. Gara giurassica: vinca il migliore!
25. Sogni d'oro, sonnosauro!
26. Vacanza giurassica... in un mare di guai!

Occhio alla pelliccia, arriva il grande Bzot!

I COSMOTOPI

1. Minaccia dal pianeta Blurgo
2. Un'aliena per il capitano Stiltonix
3. L'invasione dei dispettosi Ponf Ponf
4. Sfida galattica all'ultimo gol
5. Il pianeta dei cosmosauri ribelli
6. Il mistero del pianeta sommerso
7. La magica Notte delle Stelle Danzanti
8. Pericolo spazzatura spaziale!
9. Stiltonix contro il mostro Slurp
10. Sfida stellare all'ultimo baffo
11. E poi ti mordicchio la coda, Stiltonix!
12. Una turbogara da record
13. Il pianeta invisibile
14. Missione caciotta spaziale
15. Dov'è finita Tea Stiltonix?
16. Due capitani allo specchio

I SUPERTOPI

1. Fermi tutti, superscamorze in arrivo!
2. La carica dei robottini puzzoni
3. Missione speciale... diluvio universale!
4. Il superattacco delle margherite zannute
5. Due supertopi contro il ladro invisibile
6. Polpette di supertopo per il T-Rex
7. SuperGer e la supermacchina del tempo
8. Superallarme, Supertopo in fuga!
9. S.O.S Superinsetti all'assalto
10. La lunga notte dei Supertopi
11. Mini-Topi contro Maxi-Pantegane!
12. La supertrappola di ghiaccio!
13. La supergara della caciotta rombante

IN VACANZA NEL TEMPO

1. Crociera sul Nilo
2. Appuntamento col mammut
3. Cavaliere per un giorno
4. Super banchetto nell'antica Roma
5. In volo con Leonardo
6. Alla scoperta del West

BARZELLETTE

1000 Barzellette vincenti
1000 Barzellette irresistibili
1000 Barzellette stratopiche
Il Barzellettone
Le più belle barzellette del mondo
Le più belle barzellette in vacanza
Le più belle barzellette sugli animali
Le più belle barzellette da brivido
Le più belle barzellette dalla A alla Z
Le più belle barzellette per ogni stagione
Barzellette al top

Barzellette Super-Top Compilation 1
Barzellette Super-Top Compilation 2
Barzellette Super-Top Compilation 3
Barzellette Super-Top Compilation 4
Barzellette Super-Top Compilation 5
Barzellette Super-Top Compilation 6

CARI AMICI RODITORI, ARRIVEDERCI AL PROSSIMO LIBRO DI BARZELLETTE!

Geronimo Stilton